I0782866

Un gros Caillou dans la Chaussure d'Ali Bongo

Jean Ping

Alex Kuma

Un gros Caillou dans la Chaussure d'Ali Bongo

EdkBOOKS

Introduction

Le Gabon étant un exemple parfait de pays africain évoluant vers un type nouveau de régime politique qui tente d'essaimer au sud du Sahara, à savoir la « *dynastie républicaine*», les élections présidentielles n'y sont appelées véritablement qu'à remplir le rôle de légitimation, par les urnes, de ce projet. Les deux qui se sont déroulées depuis la disparition d'Omar Bongo Ondimba, l'ont démontré à suffisance.

En 2009, la candidature de son fils a été retenue par le Parti Démocratique Gabonais, PDG, par « *consensus* », c'est-à-dire, par combines politiques. Il aurait été procédé à des élections en bonne et due forme, à savoir des primaires, que celui-ci aurait été éliminé. On a du reste vu ce qui s'est produit aussitôt après : une grande contestation. D'autres figures importantes du PDG ont fait voler en éclat ce prétendu «*consensus*» : Eyeghe Ndong et Casimir Oye Mba.

André Mba Obame, qui lui aussi n'a absolument rien voulu entendre de ces arrangements sordides, est « *officiellement* » arrivé en troisième position lors de la proclamation des résultats du scrutin présidentiel, au plus grand doute de tout le monde. Puis, sa carrière politique s'est « *maladivement* » achevée dans un lit d'hôpital à Yaoundé au Cameroun, après avoir été dans plusieurs pays, à la recherche de la guérison.

En 2016, l'élection présidentielle qui a suivi, le mandat présidentiel étant de sept ans au Gabon, a sans autre forme de mesure reproduit le même scénario. Jean Ping a été devancé de « *justesse* » par le candidat sortant, et héritier du pouvoir paternel. Actuellement, il est l'objet d'une persécution en règle par le pouvoir gabonais. Les attaques armées de son domicile rivalisent avec les interdictions de sortie du territoire.

Malgré tout, le destin politique de Jean Ping demeure lumineux et entier au Gabon, tout comme sa détermination à faire de son pays, une référence en matière de progrès en Afrique sub-saharienne.

Chapitre I :

Une stature présidentielle reconnue d'avance.

Jean Ping, sur l'échiquier politique gabonais, présente la grande caractéristique qu'il est accepté par la population, comme jouissant, par avance, de la carrure, de l'expérience, de la stature tout simplement, d'un chef d'Etat. Bien mieux, contrairement à lui, de nombreux politiciens en Afrique, sont parvenus au pouvoir sans celle-ci. Ce n'est qu'une fois Présidents de la République, qu'ils sont de-

venus par la force des choses, des hommes d'Etat. Cela
procure à Jean Ping un atout
considérable, dans sa quête
du pouvoir suprême.

A – Une grande expérience
       de la conduite de la
       politique nationale.

Jean Ping a été initié à la
politique gabonaise par le
sommet. Il a commencé par
être Directeur du Cabinet du
Président Bongo en 1984, de
retour au Gabon, après ses
études en France et des postes occupés à l'Unesco à Paris. Il s'est ainsi retrouvé très
tôt au cœur du pouvoir. En
demeurant de longues an-
nées à exercer cette fonction

ô combien stratégique, que n'a-t-il pas appris sur la gestion de l'Etat aux côtés d'Omar Bongo Ondimba. Il n'y a guère meilleure initiation que celle-là, et dont ont bénéficié plusieurs chefs d'Etats avant lui. Omar Bongo Ondimba lui-même a dirigé le cabinet du premier président gabonais Léon Mba avant de lui succéder au pouvoir. Il en a été de même au Sénégal pour Abdou Diouf, longtemps Directeur de Cabinet de Léopold Sédar Senghor. Idem pour Paul Biya du Cameroun voisin. C'est peu dire que de nombreux gouvernements se formaient sous son nez, sans parler de nominations de hautes personnalités de la République. De même, de nombreux contrats stratégiques pour le pays ont été négociés sous ses yeux, pour ne pas dire avec sa participation.

Après le Cabinet présidentiel, il a tout naturellement effectué son entrée au gouvernement en qualité de Ministre plein. De 1990 à 2008, il a dirigé plusieurs départements ministériels, se dotant ainsi d'une incontestable expérience de la conduite des affaires publiques. Il a été tour à tour, Ministre de l'Information, des Postes et Télécommunications, jumelé à celui du Tourisme et des loisirs, de la Réforme du secteur parapublic, et chargé des Relations avec le Parlement, Porte-parole du gouvernement. Puis il a été Ministre des Mines, de l'Énergie et des Ressources hydrauliques, a dirigé les Affaires Etrangères et la Coopération, est passé au Ministère des Finances, de l'Économie, du

Budget et de la Privatisation, à celui de la Planification, de l'Environnement, et enfin est devenu Ministre d'Etat en charge à nouveau des Affaires Etrangères et de la Coopération, augmenté cette fois du portefeuille de la Francophonie.

Ils ne sont guère nombreux au Gabon, voire même sur tout le continent africain, les hommes politiques ayant bénéficié de pareil parcours.

B – Une grande expérience de la politique internationale.

De même, sur le plan international, Jean Ping, cela va

sans dire, n'est guère un néophyte.

Dès 1972, il est fonctionnaire international à Paris, au siège de l'Unesco. Puis, de 1978 à 1984, il y est délégué permanent du Gabon, soit pendant six années. A combien de conférences y a-t-il participé, de diplomates du monde entier y a-t-il rencontrès ? A combien de commissions a-t-il été désigné ?

Que ce soit en qualité de Ministre des Affaires Etrangères comme d'autres départements ministériels, le nombre de fois qu'il a représenté le Gabon ne se compte pas. Il a présidé l'OPEP, *Organisation des Pays Exportateurs de Pétrole*, et, bien plus remar-

quable, en 2004, il a été désigné Président de l'Assemblée Générale des Nations Unis, au cours de sa 59ème session. Combien d'Africains ont eu ce privilège depuis qu'existe l'ONU ? De même, le nombre de fois, où il a participé à des sommets de l'*Organisation de l'Unité Africaine*, OUA, à ceux de l'UDEAC, puis CEMAC, à ceux du *Mouvement des Pays Non-alignés* et de la *Conférence Islamique*, OCI, de la *Francophonie*, des ACP, *Afrique Caraïbe Pacifique*, au *Forum Chine-Afrique*, à la *Conférence Internationale de Tokyo sur le Développement de l'Afrique*, TICAD, aux *Conférences Etats-Unis-Afrique*, AGOA est également important.

Par ailleurs, il a joué un rôle clé dans plusieurs médiations organisées par Omar Bongo Ondimba en vue de ramener la paix en Afrique, notamment au Tchad, au São Tomé et Principe, en RDC et en RCA.

Lors de la crise ivoirienne, il a été de nouveau médiateur entre les deux parties en conflit, en sa qualité de *Président*

de la *Commission de l'Union Africaine*.

En 2008, il est justement élu Président de cette instance panafricaine en succédant à Alpha Oumar Konaré. Il y exercera un mandat, soit du 28 avril 2008 au 15 octobre 2012. Celui-ci est marqué par de grandes crises au nombre desquelles, celle de la Côte d'Ivoire déjà citée, le renversement du Colonel Kadhafi par l'armée française, ce qui aura été une catastrophe pour le continent africain dont on mesure gravement à ce jour les conséquences avec Boko Haram qui a puisé dans l'armement de Kadhafi, ou la crise migratoire qui se transforme en marché d'esclaves pour les jeunes Africains en Libye.

Pour sa part, il y avait proposé une « *feuille de route* » qui portait sur une transition inclusive et consensuelle. Les événements avaient malheureusement décidé autrement.

Sur la crise ivoirienne, il a œuvré à éviter à l'Union Africaine ce qui était arrivé à

la Ligue Arabe sur la Lybie :
l'implosion. Il a, pour cela,
manœuvré à amener les
chefs d'Etats africains à tran-
cher eux-mêmes, ayant compris que s'il choisissait un
camp, l'autre, automatique-
ment se sentirait abandonné
et s'attaquerait aussitôt à la
Commission de l'UA. Cela,
il fallait, coûte que coûte, l'é-
viter.

Il a également géré la crise
malgache. Après le renversement au mois de novembre
2009 de Marc Ravalomanana,
il a entrepris une patiente
médiation jusqu'à amener les
putschistes à admettre l'idée
d'une transition dirigée par
un gouvernement quadripar-
tite.

Pour tout dire, il s'est re-trouvé, pendant quatre lon-gues années, au cœur de la diplomatie africaine. Il en a été la plaque tournante. Il en a retiré d'énormes enseigne-ments pour la future politi-que étrangère de son pays le Gabon, le jour où il accéde-rait au pouvoir.

Une telle expérience, nom-bre de pays africains en ont grandement besoin de nos

jours pour leurs futurs dirigeants, voire même ceux en
fonction.

Chapitre II :

La « *dynastie républicaine* » à la gabonaise.

La « *dynastie républicaine* » : tel est le nouveau régime que tentent de mettre en place des dirigeants Africains actuellement. Qu'est-ce que c'est ? C'est la transmission du pouvoir de père en fils, par la famille du Président de la République en se servant « *d'*élections ».

A – Le Togo comme modèle.

Le pays ayant avec succès expérimenté en premier ce

régime est le Togo. Eyadema père y est parvenu à léguer le pouvoir à son fils Faure. Naturellement, il y a eu une forte contestation avec des centaines de personnes tuées. Mais, qu'est-ce cela aux yeux d'un jeune homme ébloui par l'accession au pouvoir ? Seul à ses yeux a compté le résultat. Il lui fallait succéder à papa, et il l'a fait. Puis, les urnes sont venues légitimer le coup de force, et depuis 13 années déjà, il est Khalife à la suite de papa. Le pays s'en porte-t-il mieux pour autant? Ça c'est une autre histoire.

En fait, Eyadema père avait de longue date programmé l'arrivée de son fils à la Présidence de la République. Il

avait commencé par le faire élire député, sous l'étiquette naturellement de son parti politique le *Rassemblement du Peuple Togolais*. Ensuite, il l'a nommé au gouvernement, à la tête du Ministère des Travaux Publics, des Mines et des Télécommunications en 2003, soit deux années avant son décès. Se sachant déjà en mauvais état de santé, il avait fait amender la Constitution une année auparavant à savoir en 2002, en abaissant de 45 à 35 ans, l'âge minimum pour accéder à la Magistrature Suprême, l'âge qui était celui de son fils cette année-là. Il avait ainsi prévu de permettre à celui-ci de se porter candidat à l'élection présidentielle en cas d'empêchement de sa part. Puis, le 5 février 2005 il décède.

Le lendemain matin, la Constitution est de nouveau modifiée à la hâte pour évincer le Président intérimaire Fambaré Ouattara Natchaba. Ce dernier exerçait la fonction de Président de l'Assemblée Nationale. Il est par ailleurs bloqué par l'armée à la frontière avec le Benin où il se trouvait en voyage, pour l'empêcher d'être présent à Lomé. Faure est aussitôt proclamé Président de la République.

Ce coup de force, malheureusement, n'est guère avalisé par la communauté inernationale, en l'occurrence l' Union Africaine. Finalement le 25 février 2005, Faure renonce à son mandat de Président par intérim et se porte candidat à son propre nom à la Présidence de la République.

Le scrutin organisé le 24 avril 2005 voit l'irruption de militaires togolais dans les bureaux de vote et s'emparent des urnes. Au moment du dépouillement des résultats, Faure est proclamé vainqueur à 60,6% des voix le 26 avril 2005, face à trois autres candidats : Emmanuel Bob Akitani, candidat de la coalition de l'opposition soutenu par Gilchrist Olympio ; Harry Olympio, candidat du *Rassemblement pour le Soutien à la Démocratie et au Développement*, RSDD ; Nicolas Lawson, qui s'était retiré à la veille du scrutin.

Bien évidemment, le scrutin est émaillé de très nombreuses irrégularités.

Déjà, le 22 avril 2005, deux jours avant le scrutin, François Boko, Ministre de l'Intérieur du gouvernement intérimaire, demande en vain son report. Au cours d'une

conférence de presse, il dé-
nonce un risque de violence,
de graves manquements dans
la préparation du scrutin, la
tribalisation du discours politique.

Aussitôt, il est limogé de
ses fonctions et court se réfu-
gier à l'ambassade d'Allema-
gne pour ne pas se faire arrê-
ter. Mais, en vérité, il n'avait
fait qu'emboîter le pas à la
contestation qui sourdait déjà dans le pays : les cartes d'é-
lecteurs étaient distribuées de
manière sélective, en évitant
autant que possible d'en offrir aux personnes identifiées
comme appartenant à l'opposition. De même, les régions
réputées des bastions de cette
dernière n'en recevaient pra-

tiquement pas, ou dans le meilleur des cas, en nombre infiniment réduit.

Pendant tout le processus électoral, des affrontements entre les militants de l'opposition, la police, la gendarmerie, plus des milices du parti de Faure armées de machettes et secondés, selon divers témoignages, par 2500 militaires se déroulent dans les grandes villes du pays. L'enquête diligentée par l'O-NU sur ces événements avait avancé le chiffre de 500 personnes tuées.

Le 3 mai 2005, la Cour Constitutionnelle a déclaré le fils d'Eyadema vainqueur. Il prêtera serment le lendemain 4 mai 2005.

Ceci, il va sans dire, a ins-
piré bien de gens au Gabon.

B – La transposition au
     Gabon.

Omar Bongo Ondimba a
commencé à initier son fils
très tôt à l'exercice du pouvoir. Il le prend à ses côtés
dans son cabinet de 1987 à
1989. Puis, il le nomme au
gouvernement en qualité de

Ministre des Affaires Etrangères à l'âge de 32 ans. Celui-ci doit cependant démissionner, car la constitution gabonaise n'autorise d'entrée au gouvernement qu'à partir de 35 ans révolus. Qu'à cela ne tienne, il le reprend sous son aile.

Une année plus tard, en 1990, il le porte candidat à l'élection législative et il est naturellement élu. En 1996, il le présente de nouveau comme candidat dans la même circonscription électorale, et l'impose comme député.

Trois années plus tard, à savoir en 1999, il le nomme Ministre de la Défense. A n'en pas douter, il cherchait à le faire accepter par l'armée. En 2001 et de nouveau en 2006, il est « *réélu* » député.

Omar Bongo Ondimba ne néglige pas pour autant le parti qu'il dirige et qui domine, en sa qualité d'ex-parti unique, la vie politique nationale. Il hisse son fils au poste de vice-président du PDG.

Le 8 juin 2009, il décède. Mais il a déjà parfaitement balisé le terrain pour son fils. Ce dernier se porte candidat à l'élection présidentielle. C'est le début de grandes combines politiques, pour le faire investir par le PDG.

Il commence par se rendre au Cameroun rencontrer Paul Biya. A son retour, la redoutable *Brigade d'Interven-*

tion Rapide, BIR, de ce dernier, formée et encadrée par des officiers israéliens, prend, incognito, la route du Gabon. Elle part à pieds, en se déplaçant de préférence de nuit. Arrivée au Gabon, elle revêt l'uniforme de l'armée gabonaise. Peu de personnes savent qu'elle est là, aux côtés de Bongo fils pour l'assaut final, en cas de contestation, comme au Togo. L'année d'avant, cette brigade a maté le rejet par la population de la modification constitutonnelle qui faisait sauter le verrou de la limitation du nombre de mandats présidentiels au Cameroun. Bilan, selon les ONG de défense des droits de l'homme : 150 morts !

Qu'à cela ne tienne. De son côté, Daniel Ona Ondo, 1er Vice-président de l'Assemblée se déclare candidat à la succession pour le compte du PDG. Eveghe Ndong et Casimir Oye Mba également manifestent leur intention d'entrer dans la compétition. Sany Megwazeb recherche aussi l'investiture du PDG. Tous ces prétendants se retrouvent au nombre de dix au début du mois de juillet 2009.

Faustin Boukoubi, Secrétaire général du PDG, pour sa part annonce que le candidat retenu sera connu uniquement le 8 juillet 2009. Finalement, Angel Ondo déclare le 16 juillet que le choix

du PDG s'est porté sur Ali Bongo, par « *consensus* ». En clair, il n'a pu faire l'unanimité au sein du parti. Il est de ce fait un candidat boudé par nombre de cadres de celui-ci.

Le 17 juillet Eyeghe Ndong démissionne de ses fonctions de Premier ministre, pour se porter candidat indépendant.

Le 19 juillet, un congrès extraordinaire du PDG se

tient pour officialiser le choix du fils d'Omar comme candidat du parti.

Le 21 juillet, c'est au tour de Casimir Oye-Mba de démissionner également. Il se porte lui aussi candidat indépendant.

Le 23 juillet 2009, trois membres du gouvernement sont limogés, pour avoir annoncé leur intention, pour certains en tout cas, de se porter candidats. Le même jour, la *Commission Electorale Nationale et Autonome Permanente*, CENAP, rend public les noms des 23 candidats retenus pour le scrutin présidentiel.

Le 28 juillet, 8 candidats réclament la démission d'Ali

Bongo et de Maganga Moussavou. Ils s'insurgent contre le fait qu'Ali candidat, continue à exercer les fonctions de Ministre de la Défense, et de se servir des renseignements militaires, voire carrément de l'armée, pour sa campagne électorale. Il peut ainsi valablement influencer le vote de la troupe en sa faveur. Ali rétorque que la loi ne l'interdit nullement.

Le 29 juillet, Bruno Ben Moubamba demande l'interruption du processus électoral et la rédaction d'une nouvelle constitution.

Le 6 août, Pierre-Claver Maganga Moussavou, démissionne finalement du gouvernement. Ali Bongo reste seul ministre-candidat.

Le lendemain, 7 août, de violentes manifestations éclatent à Libreville. 6 000 personnes sont réunies pour réclamer la démission d'Ali. La manifestation est violemment dispersée par la troupe. La *Brigade d'Interventions Rapide*, BIR, du Cameroun, prouve son efficacité, dissimulée parmi les forces de maintien de l'ordre gabonaises.

Le 30 août 2009, le scrutin présidentiel se déroule. Les résultats sont proclamés le 3 septembre. Ali Bongo le fils d'Omar Bongo Ondimba, est proclamé élu. Il lui est attribué un score de 41,73% des voix, contre 25,64% à son suivant, Pierre Mamboundou, et 25, 33% à André Mba Obame, le troisème.

Aussitôt ces résultats connus du public, des émeutes éclatent le 3 septembre et durent jusqu'au 6 septembre, soit pendant trois jours, à Port-Gentil. La troupe charge. Bilan officiel : 15 personnes tuées. En fait, c'est le décompte des corps enregistrés à la morgue de l'hôpital de Ntchengue. Ceux de l'hôpital Paul Igamba ont été ignorés. Des rumeurs selon lesquelles l'armée, à bord d'un hélicoptère, transporte des corps et les jette à la mer circulent. Le député Kombila déclare l'arrestation de 311 personnes dont une vingtaine de femmes[1].

Quoi qu'il en soit, l'objectif a été atteint, le fils Bongo a succédé au père Bongo.

Que restait-il, dès lors, aux autres Gabonais aspirant au pouvoir suprême à faire, sinon quitter les rangs de ce parti modelé à cette fin ?

---

[1] - www.lemonde.fr/asie-pacifique/article/2009/09/09/les-emeutes-de-port-gentil-

Chapitre III :

La salutaire démission du Parti Démocratique Gabonais.

« Monsieur le secrétaire général,

Depuis mon départ de la Présidence de la Commission de l'Union Africaine, je me suis volontairement abstenu de toute intervention dans le débat politique national. Mais après une longue et mûre réflexion sur la situation réelle de notre pays, qui ne pouvait me rendre indifférent, j'ai décidé de rompre le silence.

C'est ainsi que le 1ᵉʳ février 2014, à la faveur d'un séminaire-atelier organisé par des compatriotes de l'opposition et de la société civile regroupés au sein du mouvement des Souverainistes, j'ai déclaré ceci: "*Je n'ai plus rien à voir, absolument plus rien à voir avec les autorités en place*". Propos qui ne souffrent d'aucune ambiguïté.

C'est volontairement que je me suis gardé d'évoquer le *Parti Démocratique Gabonais*, par respect pour ses nombreux militants qui sont des patriotes et qui partagent les mêmes inquiétudes que j'ai exprimées ce jour-là.

Au demeurant, quand j'ai quitté le Gabon pour présider l'Assemblée générale des Nations-Unies en 2004-2005 et surtout lorsque j'ai été élu

Président de la Commission de l'Union Africaine, j'ai pris congés des activités partisanes, incompatibles avec cette fonction, j'en avais avisé alors le Président Fondateur, qui l'avait bien compris. Mon absence des congrès qui se sont tenus durant cette période atteste cette réalité.

J'observe, pour le regretter, que depuis ma déclaration du 1er février, pourtant qualifiée d'épiphénomène par la Présidence de la République, les médias de service public, les hiérarques du parti, ainsi que certains membres du gouvernement, répandent de nombreuses contre-vérités, excellent dans la diffamation, l'insulte et la menace et pour finir, prétendent que mon retour au PDG ne saurait tarder.

Aussi, pour lever l'équivoque, s'il en est besoin, je réitère que je n'ai plus rien à voir, absolument plus rien à voir avec les autorités en place. Je précise en conséquence que je démissionne du Parti Démocratique Gabonais. Ma décision est irréversible.

Je vous prie de croire, Monsieur le Secrétaire général, en l'assurance de ma considération distinguée[2].

Tel est le contenu de la lettre de démission de Jean Ping du *Parti Démocratique Gabonais*, PDG.

Cette décision, en vérité, n'aura été que la conséquence logique de l'inqualifiable

---

[2] - http://news.alibreville.com/h/4780.html

traîtrise du gouvernement gabonais à son endroit. En effet, au terme de son premier mandat à la Présidence de la *Commission de l'Union Africaine*, l'UA, et qu'il désirait se porter candidat à un second, quelle n'a pas été sa plus grande stupéfaction de découvrir que le gouvernement de son pays en était réticent, et conspirait même carrément dans l'ombre pour qu'il ne soit pas réélu. Outré par ce singulier comportement, il a été amené à qualifier le Gabon « *d'Etat-voyou* ». A vrai dire, celui-ci ne méritait-il pas ce qualificatif ? Où a-t-on vu un gouvernement refuser de soutenir la candidature de son ressortissant à un tel poste international ?

Quoi qu'il en soit, dans un pays africain voisin du Gabon, l'ex-parti unique est qualifié de « *parti qui permet de boire tranquillement de la bonne eau fraîche* ». Aussi, lorsqu'une personne en démissionne, le moins que l'on puisse dire est que, soit elle n'en a guère besoin pour étancher sa soif, soit alors elle est habitée par une vision du pays qui entre en contradiction avec « *l'eau fraîche* » qui y coule à flot. Ce qui est vrai pour ce pays l'est également pour le Gabon.

A – Une camisole de force.

Le *Parti Démocratique Gabonais* est le fruit de la décision du palais de l'Elysée d'abolir la démocratie dans les anciens territoires coloniaux français d'Afrique noire. Il fallait impérativement taire toute contestation, toute critique de la mainmise française sur les richesses de ces pays devenus, par la force des choses, indépendants. Aussi, entre 1966 et 1968, la quasi-totalité de ceux-ci est passée au parti unique. Et dans le même temps, leurs prisons se sont remplies de contestataires : journalistes, syndicalistes, leaders politiques, etc.

Les choses se sont exactement passées comme lorsque François Mitterrand, en 19-90, au Sommet France-Afrique de La Baule, avait à son tour, imposé à ses « *homologues africains* » drapés dans leurs beaux vêtements multicolores, le retour à la démocratie. La seule différence ne réside dans le fait que, Charles de Gaulle n'avait guère eu besoin de réunir ses obligés et protégés africains. Jacques Foccart, *Secrétaire Général aux Affaires Africaines* à l'Elysée, s'en était occupé, sans fanfare.

Au Gabon, on se souvient comment se passage s'était opéré. Le Président Omar Bongo Ondimba avait, un beau matin, tout bonnement déclaré illégales toutes les autres formations politiques, en dehors de la sienne, le PDG. Terminé.

Au lendemain de cette décision, le PDG, comme du reste tous les autres partis désormais uniques sur le continent africain, est devenu une excroissance, un appendice, tout simplement, de l'administration publique. Progressivement, il ne se concevait plus un niveau élevé de responsabilité dans l'appareil d' Etat sans la détention de sa carte de membre. Son adhésion était ainsi devenue un sésame qui ouvrait les portes du graal.

Les Gabonais ont de ce fait assisté, résignés, en tout cas impuissants, à la perversion du rôle d'un parti politique. Il n'a plus été question ni de conquête, ni d'exercice du pouvoir, mais plutôt de batailles pour l'accès à « *la bonne eau fraîche* ». Il ne leur a plus été possible de contester la conduite des affaires nationales qu'à l'étranger. A l'intérieur des frontières, plus moyen. Quiconque s'aventurait à le faire savait par avance ce qui l'attendait : la prison.

En clair, l'Elysée a mis en place au Gabon, comme du reste dans l'ensemble des ex-territoires coloniaux français d'Afrique noire, un régime copié sur celui de l'Union

Soviétique. Aucune possibilité de parler, la police locale veillait au grain. Mais aussi en France. Les exilés gabonais étaient méthodiquement suivis par la police française, qu'ils furent étudiants ou opposants politiques déclarés. Très souvent, lorsque venait en France le président gabonais, certains d'entre eux étaient priés par la préfecture de police de s'éloigner, le temps de la durée du séjour de ce dernier, de la ville de Paris, et de n'y remettre les pieds qu'après qu'il soit parti.

Cette persécution des Gabonais en France contestataires du régime de Libreville, n'a pris fin qu'à l'arrivée de Mitterrand au pouvoir le 10 mai 1981. Sous de Gaulle, Pompidou et Giscard, la police les tenait fermement à l'œil.

Pour tout dire, le PDG n'a été rien moins qu'un parti obligatoire pour tout Gabonais qui, au-delà des avantages matériels que procurait son militantisme, embitionnait de se lancer en politique.

Tant qu'il était le seul parti autorisé dans le pays, il n'y avait rien d'autre à faire que d'y « *militer* ». En vérité, acclamer le Président de la République, chanter ses louanges, répandre sa parole, le vénérer.

Pour quelle raison un personnage tel que Jean Ping aurait-il continué à s'y investir, d'autant que, selon ses statuts, son Président est d' office son candidat à l'élection présidentielle ?

B – En finir avec la démagogie.

Parmi les raisons communément évoquées par les dirigeants africains pour habiller l'ordre d'instaurer le parti unique venu de Paris et qui, à vrai dire les arrangeait condérablement, se situent en bonnes positions, d'une part les impératifs de développement, d'autre part, la lutte contre le tribalisme, le multipartisme étant accusé de favoriser la naissance de partis ethniques.

Les faits, malheureusement, ont démontré à suffisance le caractère démagogique de ces dires. Dans un pays tel que le Gabon qui a regorgé de pétrole des décennies durant, le développement n'a pas pour autant suivi, alors qu'il vivait sous un régime de parti unique. On en est encore, en 2018, à faire de pathétiques incantations sur *« l'émergence en l'an X»*, nouveau discours en vogue des dirigeants africains. La misère continue à caractériser de manière dominante la population. Pour tout dire, à la faveur du parti unique, qui a pourtant duré 23 longues années, le pétrole a profité à d'autres, mais pas aux Gabonais. Telle a été en réalité la véritable raison de l'instauration de la dictature dans le pays. Le PDG n'a pas apporté le développement, car cela n'a nullement été sa vocation, lors de sa création.

Aussi, pour quelle raison penser que le même *Parti Démocratique Gabonais*, puisse se transformer aujourd'hui en parti de développement ? L'esprit en a-t-il changé ?

En vérité, actuellement, il s'est tout bonnement transformé en parti « *godillot* ». Qu'est-ce que c'est ?

Le terme « *godillot* », littéralement, grosse chaussure, est un néologisme employé pour désigner péjorativement une personne qui exécute des ordres ou suit des consignes sans discuter, en l'occurrence un parlementaire qui suit les consignes de vote de son parti sans broncher. On en est de ce fait arrivé par extension à « *vote godillot* », ou « *parti godillot* ». Tel est à ce jour le PDG sur la scène politique gabonaise. Ses députés votent au Parlement sans sourciller, tous les projets de lois du gouvernement, au nom prétendument de la « *discipline* » du parti. Les débats en commission sont le plus souvent de pure forme, parfois simplement pour reformuler une phrase, en tout cas, pas pour modifier le texte déposé par le gouvernement.

En fait, si le PDG présente cette caractéristique à ce jour, cela est dû au fait que le pouvoir est parvenu par la ruse et les trucages électoraux, à le maintenir comme le parti unique de fait. En conséquence, il charrie une nouvelle fois toutes les tares de cette forme de parti, et du régime qu'il engendre.

Ses « *militants* » sont comme au temps du parti unique officiel dans leur écrasante majorité des personnes avant tout en quête de « *bonne eau fraîche* ». Ils se livrent pour cela à un culte effréné de la personnalité de son dirigeant en même temps Président de la République. Les jeunes sans emploi qui y « *militent* », espèrent à travers ce choix se dégotter un emploi. Quant aux hommes d'affaires, c'est dans l'espoir de gagner des marchés publics. Aussi, tout ce monde se transforme en « *militants* » zélés et agressifs lors des campagnes électorales.

Enfin, autre caractéristique du PDG issue du temps du parti unique officiel : il est demeuré une caisse de résonnance sans plus du pouvoir. Il ne peut s'y mener de véritable débat sur le devenir du pays. Aucune décision capitale pour le Gabon n'y est prise ainsi que cela se passe dans de vrais partis politiques au pouvoir. Au PDG, le Président décide, les « *militants* » acclament et propagent. Pour le retour à la démocratie, le

Président a décidé, tout seul, et les « *militants* » se sont mis à justifier, auprès de la population, cette « *sage* » décision.

Dès lors que ne pas y « *militer* » ne conduit plus en prison, que pourrait continuer à y faire un personnage de la trame de Jean Ping et également de tous les autres qui en ont démissionné ?

Cette démission a été tout bonnement salutaire pour se mettre en situation d'offrir une orientation nouvelle au Gabon.

Chapitre IV :

Jean Ping : candidat pour un renouveau politique.

« *Je suis candidat pour le renouveau politique du Gabon* » pourrait valablement être la justification de la candidature de Jean Ping à la Présidence de la République.

Quoi qu'on ait pu en penser, son élection aurait immanquablement apporté un authentique changement au Gabon.

A – La fin du parti-Etat.

Le premier de celui-ci aurait été la fin de la confusion

habilement entretenue depuis l'époque du parti unique entre le PDG et l'Etat, au point où il était devenu l'Etat, et l'Etat était devenu le PDG.

Malgré la fin du parti unique, le PDG n'a pas véritablement évolué. Il est demeuré le PDG d'antan dans l'esprit de ses dirigeants, tant et si bien qu'ils en ont fait un parti à part dans l'univers politique gabonais désormais multipartite.

Lors de la *Conférence Nationale* tenue en 1990, les politiciens gabonais de l'opposition présents à cette grand-messe politique, n'avaient pas songé à poser le problème de son statut dans un Gabon qui entrait dans une nouvelle ère, celle de la démocratie. Aussi, au lendemain de ces assises, alors qu'il avait été demandé à tous les partis politiques de déposer des dossiers de légalisation auprès de l'administration, le PDG s'est abstenu de le faire, malgré le fait que son existence ne soit fondée que sur une simple ordonnance signée lors de sa naissance en 1968.

Détail d'importance minime, sans doute, mais qui traduit toutefois la grande inégalité de traitement avec les autres partis politiques.

Il continue à être financé par le Trésor public, comme à l'époque du parti unique. Son Secrétaire général, tout comme ses adjoints, sont dotés d'aides de camp et d'agents de sécurité qui émargent le plus naturellement du monde au budget de l'Etat. Il n'est pas traité différemment d'un ministre de la République.

Lors des campagnes électorales, les fonds que dépense le PDG, sont sans commune mesure avec tous ceux des partis politiques de l'opposition réunis. Que dire de la bienveillance des autorités administratives à son égard ? Aucune de ses réunions n'a, à ce jour, jamais été interdite, encore moins disloquée par les forces de maintien de l'ordre. Les medias publics en font directement et indirectement la promotion en continu. La couverture dont bénéficient ses meetings par ceux-ci n'est nullement comparable à celle des manifestations des partis politiques de l'opposition.

B – Une révolution Mitterrandienne au Gabon.

Un personnage de la trame de Jean Ping au pouvoir,

aurait changé le Gabon tel François Mitterrand en France. Ce dernier avait fait passer son pays de l'archaïsme à la modernité, bien avant la fin de son premier mandat à l'Elysée. Il avait libéralisé de très nombreuses activités jusque-là interdites par la loi. C'est François Mitterrand qui a libéralisé les ondes sur le sol français par exemple. Avant lui, l'Etat en détenait un quasi-monopole. Il y a mis fin.

Jean Ping avait d'ores et déjà annoncé la couleur dans ses déclarations publiques.

A Nzeng-Ayong, devant près de 2000 personnes :

« Nous devons libérer le Gabon des assassinats, des détournements de deniers publics, de la dictature et du mensonge politique. Le Gabon est un pays très riche, mais dont le peuple est le plus pauvre de la sous-région. Je m'engage à mettre les Gabonais à l'abri de la peur et du besoin grâce à une répartition équitable des richesses de notre pays. L'argent du Gabon doit servir aux Gabonais »[3]

Le renouveau politique qu'aurait apporté Jean Ping portait tout naturellement sur les hommes, mais avant tout et surtout sur l'avènement d'un nouvel esprit au Gabon. Il aurait mis un terme aux combines politiques du parti unique qui continuent à régner au Gabon. L'esprit monarchique également, avec son corollaire qui est la transmission héréditaire du pouvoir. Que dire des sociétés secrètes qui pourrissent la vie quotidienne des Gabonais ? Celles-ci, réminiscence du passé, entretiennent un pou-

____

[3] - http://afrique.lepoint.fr/actualites

voir parallèle dans le pays, où se prennent finalement à l'insu des regards du grand public, les grandes décisions de la nation. Elles pervertissent ainsi totalement la démocratie. Elles la transforment en un jeu d'ombres où les décideurs réels sont cachés. Il va sans dire que Jean Ping allait abolir cela, étant entendu qu'il en a été lui-même victime, notamment au moment de sa candidature pour un second mandat à la Présidence de la *Commission de l'Union Africaine*.

Jean Ping se serait également penché sur la vie des petites gens. Pendant la campagne électorale, il avait, au cours d'un meeting, déclaré :

« Dès la prochaine rentrée des classes, l'école sera gratuite, y compris les fournitures scolaires (...) Personne ne paiera plus jamais pour se faire soigner au Gabon. Je vous promets la santé pour tous et des logements sociaux accessibles à tous, sans considération de classe sociale. »[4]

Il avait encore déclaré :

« Je vous ai écoutés. J'ai écouté vos cris, j'ai vu vos larmes. Avec vous, j'ai ri. Avec vous, j'ai pleuré. Je suis celui-là qui vous comprend et qui est capable

---

[4] - Ibid.

d'apporter des solutions à vos problèmes »[5]

Il avait poursuivi :

« ... Le Gabon est un pays riche où les femmes accouchent à même le sol. Un pays riche où les routes sont un véritable problème. Un pays riche, où l'éducation, les logements, les soins manquent à l'appel »[6]

Il s'était également prononcé en faveur de l'avènement d'un Etat de droit dans le pays :

« Je suis candidat pour faire du Gabon, un Etat de droit, un pays où la bonne gou-

---

[5] - http://www.gabonews.com
[6] - Ibid.

vernance aura lieu et droit de citer. Je veux rendre à notre justice son indépendance (…)».[7]

Au sujet du régime en place :

« … si le Gabon n'est pas une dictature, alors il n'y en

---

[7] - http://www.gabonews.com

a nulle part. Le Gabon est une dictature pure et simple entre les mains d'une famille, d'un clan qui dirige le pays depuis 50 ans »[8]

Au sujet de son appartenance jadis au gouvernement gabonais :

« Macky Sall a été Premier ministre du Président Abdoulaye Wade ; je n'ai jamais été Premier ministre d'Omar Bongo; Macky Sall a démissionné quand il a constaté que Wade voulait mettre son fils à sa place à la Présidence ; il a protesté, il est parti ; où voyez-vous la différence avec moi ?[9]

---

[8] - http://www.lemonde.fr/afrique/article/2016/03/02
[9] - Ibid.

A propos de son train de vie enfin :

> « ...je continue à manger du poisson salé, un de mes plats préférés ; je mange aussi du manioc et les autres plats locaux que j'aime, je ne mange pas de caviar »[10]

---

[10] - Ibid.

Chapitre V :

Vote et intimidations multiformes.

Le 27 août 2016, finalement, l'élection présidentielle a connu une forte participation. 628 000 Gabonais se sont rendus aux urnes. Dix candidats étaient certes en lice, mais, en réalité, la bataille se livrait entre deux d' entre eux uniquement : Jean Ping et Ali Bongo.

A – Nombreux incidents.

Le vote, à travers tout le territoire, a connu de nombreux incidents. Tantôt, des

militants du PDG tentaient d'intimider ceux de l'opposition, ou alors c'étaient les fameuses « *autorités administratives* », fortes de leur pouvoir, qui le faisaient.

En fin de journée à Libreville dans le 5ème arrondissement, un partisan d'Ali Bongo est entré de manière tonitruante dans un bureau de vote, accompagné de « *for-*

ces de l'ordre » et a demandé aux observateurs de l'*Union africaine* présents dans la salle de sortir, prétextant avoir reçu des « *instructions* » de la Cour constitutionnelle. Mal lui en a pris, il y avait des dizaines d'électeurs, majoritairement de l'opposition, qui suivaient attentivement le décompte des bulletins de vote, à travers les fenêtres. Ils se sont mis à hurler qu'il était venu truquer les résultats. Les observateurs ragaillardis par la protestation du public, ont en conséquence catégoriquement refusé de quitter la salle, ne craignant plus pour leur sécurité face au militant d'Ali Bongo accompagné de « *forces de l'ordre* », et se basant sur les dispositions du Code électoral qui les autorisait à y être. Finalement impuissant, le partisan d'Ali Bongo a été obligé de battre en retraite[11]. Des incidents de ce type se sont produits à travers tout le pays.

B – La proclamation des résultats.

Le 31 août 2016, les résultats du scrutin ont été proclamés par la *Commission Nationale Electorale Autonome et Permanente*, CENAP, par la voix de Pacôme Moubelet-Boubeya, Ministre de l'Intérieur.

---

[11] - http://www.rfi.fr/afrique/20160827-suivre-jour-vote-presidentielle-gabon-ping-bongo-politique-election-scrutin

Ali Bongo a été déclaré vainqueur avec 49,80% de voix en sa faveur, soit 177.722 votants, contre 48,23% à Jean Ping, soit 172.128 votants quant à lui. Les huit autres candidats n'ont au total recueilli que 1,9% des suffrages.

Chapitre VI :

La légitime contestation par les forces du changement.

Peu de temps avant l'annonce de ces résultats, la séance plénière de le CANAP avait été on ne peut plus houleuse. Les représentants de l'opposition et ceux de la majorité s'y étaient verbalement étripés. L'affronfrontement avait été tel que Paul-Marie Gondjout, y siégeant pour le compte de l'opposition, avait claqué la porte de la CENAP.

Cette action avait été ainsi le point de départ de la contestation de la « *victoire* » d'Ali Bongo par l'opposition.

A – L'incendie du siège de l'Assemblée Nationale.

Le siège de l'Assemblée Nationale a aussitôt été incendié, ainsi que d'autres édifices publics et des magasins dans le centre-ville. Des heurts violents ont éclaté dans plusieurs quartiers de la capitale, notamment à la cité de la démocratie. Sur la voie expresse, des sympathisants de Jean Ping qui criaient « *on nous a volé la victoire* », et qui essayaient de se rendre à son QG ont été repoussés à coups de matraques et de gaz lacrymogène par la police et la gendarmerie massivement déployées dans les rues. Des colonnes de fumée se sont mises à s'élever dans le ciel dans plusieurs quartiers. En un mot, la population s'in-surgeait contre ce qui prenait déjà la forme d'un nouvel hold-up électoral, après celui scandaleux de 2009, où Ali

Bongo avait été déclaré *«vainqueur »* par la tricherie, face à André Mba Obame.

B – L'attaque du QG de Jean
    Ping par les « *forces de
    l'ordre* ».

A travers Libreville, les affrontements entre la population et les « *forces de l'ordre* » ont duré toute l'après-midi et se sont même poursuivis la nuit.

Vers une heure du matin, les « *forces de l'ordre* » ont donné l'assaut au QG de Jean Ping. Des hélicoptères de la *Garde Républicaine*, se sont mis à le bombarder. Puis des troupes au sol sont arrivées. Elles ont pénétré dans les

locaux, y ont tout saccagé, tout cassé. Elles ont, dans leur furie, froidement tué deux personnes, et en ont blessé plusieurs autres. Enfin, elles ont arrêté et emmené avec elles un grand nombre de militants de Jean Ping qui se trouvaient dans le QG. La Croix-Rouge gabonaise appelée à la rescousse après leur départ, a été interdite d'évacuer les blessés et les deux corps.

Les personnes non arrêtées, se sont tournées vers l'armée française, et se sont mises à la supplier d'apporter des ambulances afin d'évacuer les blessés et les corps des deux personnes mortes. A Port-Gentil les mêmes « *forces de l'ordre* » ont tué une personne, arraché le bras à une autre, sans compter celles qu'elles ont blessées. Dans d'autres villes du Gabon, des scènes identiques se sont déroulées.

En effectuant leur assaut au QG de Jean Ping, les « *forces de l'ordre* » pensaient l'y trouver. Malheureusement pour elles, il ne s'y trouvait pas. Il était ailleurs. Si tel avait été le cas, il ne fait l'ombre d'aucun doute qu'elles l'auraient molesté, et probablement arrêté, car à l'évidence, elles étaient venues pour cela. Peut-être même qu'elles l'auraient assassiné. Un opposant tchadien n'a-t-il pas disparu jusqu'à ce jour sans laisser de traces alors qu'il avait été enlevé par la police politique du régime ?

Pour sa part, Michaelle Jean, Secrétaire Générale de la Francophonie a déclaré le lendemain :

> « La population gabonaise était en droit d'espérer des élections dans les meilleu-res conditions. Or, elle vit

désormais dans la peur et l'insécurité.

Nous déplorons déjà des morts et des blessés dans les incidents graves survenus cette nuit. Mes pensées vont aux familles endeuillées et je peux imaginer les traumatismes causés à l'ensemble du pays par ces actes de violence, les incendies, les menaces, les affrontements et les pillages. Ce n'est pas acceptable.

J'appelle instamment tous les acteurs à rejeter la violence, à faire preuve de responsabilité et à privilégier, en toutes circonstances, les voies du dialogue »[12].

---

[12] - Ibid.

Chapitre VII :

Le temps de la persécution.

Les premiers jours de violences passés, le temps des réclamations était arrivé. Objectif : ne plus permettre la réédition du scénario de l'année 2009, où les résultats des urnes avaient été renversés au bénéfice d'Ali Bongo.

A – Le recours aux voies légales par Jean Ping.

Jean Ping a commencé par protester contre le résultat du vote auprès de la CENAP. Il s'agissait de faire reconnaître à cet organisme des irrégularités ayant marqué le vote dans la province du Haut-Ogooué, fief politique de la famille Bongo. Il a suggéré le recomptage des voix, afin de déterminer réellement qui, d'Ali ou de lui, est réellement le vainqueur. Il n'en est absolument rien sorti. La CE-NAP, à l'évidence, était à la solde d'Ali Bongo.

Il s'est alors tourné vers la *Cour Constitutionnelle*. Il a déposé au greffe de cette juridiction une requête en réformation de la proclamation des résultats de l'élection présidentielle du 27 août 20-16 dans la province du Haut-Ogooué toujours, fief politique familial des Bongo, qui a permis, selon les résultats officiels, la *«victoire»* d'Ali Bongo.

Dans cette province, les résultats ont été étonnants : près de 100% de taux de participation, 99,93% précisément, contre 59,5 % dans le reste du pays, dont curieusement 95 % des voix pour Ali Bongo. Impossible. La veille, le Haut-Ogooué a vu sa population étrangement augmentée de 22 000 habitants en une seule nuit !

Le chef de la mission d'observation de l'Union Européenne était lui aussi dans la suspicion. Mariva Gabriel avait en effet déclaré :

« Une analyse portant sur le nombre de non-votants et des bulletins blancs et nuls révèle une évidente anomalie dans les résultats finaux du Haut-Ogooué »[13]

La réaction d'Ali Bongo ne s'était pas fait attendre. Le

[13] - https://www.francetvinfo.fr/monde/afrique.

lendemain, il avait déclaré en retour :

« Certains observateurs ont outrepassé leur mission »[14].

Concomitamment, les observateurs européens avaient été placés sous écoute téléphonique par les services secrets gabonais.

« ces écoutes commandées par le pouvoir gabonais révèlent surtout que les observateurs sont persuadés que le scrutin est truqué. Sans s'embarrasser du langage policé de la diplomatie, un membre de la mission ironise, alors que les résultats tardent à être officialisés : *Ils sont en train de chercher com-*

---

[14] - Ibid.

ment tricher et que ça ne se voie pas trop ; des urnes sont en cours d'acheminement à Libreville et elles vont faire la différence »[15]

Jean Ping quant à lui justifiait en ces termes la saisine de la *Cour Constitutionnelle* :

« il vaut mieux faire cette saisine-là pour rester jusqu'au bout dans le cadre légal. C'est ce que demandent la France, les Etats-Unis et l'Union européenne »[16]

Finalement, au bout de plusieurs mois d'attente, il a déclaré à la communauté internationale qui l'avait pressé

---

[15] - https://www.francetvinfo.fr/monde/afrique
[16] - Ibid.

d'user du droit pour revendi-
quer sa victoire :

« Nous avons épuisé tout ce
qui est légal. Nous avons
commencé il y a longtemps
par entreprendre une action
judiciaire auprès de la CE-
NAP et de la Cour Consti-
tutionnelle. Nous savions
que ces gens étaient à la solde du régime. Nous l'avons
quand même fait pour ne
pas qu'on nous accuse de ne
pas avoir épuisé les voies di-
tes légales.

Evidemment, comme à
l'accoutumée, ces instances
à la solde du régime se sont
prononcées en faveur du régime. Puis nous avons lancé
des marches pacifiques. Les
leaders politiques qui étaient

en avant des cortèges ont été gazés, maltraités »[17].

B – La prison pour Jean Ping.

On se serait attendu à ce que le pouvoir gabonais se contente de sa « *victoire* » suspecte et ne se lance pas dans la persécution de Jean Ping. Que non, c'est tout le contraire qui se produit à ce jour.

Le proclamé « *vainqueur* », ne dort curieusement pas d'un sommeil tranquille. Il a mauvaise conscience, découvre-t-on. Aussi, il scrute le moindre déplacement du « *battu*», analyse sa moindre

____

[17] - Ibid.

déclaration, et, bien plus gra-
ve, menace même sa sécurité,
tout comme son intégrité
physique.

« Je suis surveillé en per-
manence. J'ai des éléments
de la sécurité qui sont là,
nuit et jour. Donc, c'est
comme si j'étais en rési-
dence surveillée. Je suis
menacé. Un matin j'ai été
attaqué par trois cents personnes venues lancer des

calloux, caillasser ma maison. C'est permanent »[18].

Ce fut la déclaration de Jean Ping dénonçant la persécution dont il est victime.

Dans le même ordre d'idées, ses déplacements hors du territoire gabonais ont commencé à grandement déplaire à Ali Bongo.

Lors de son retour d'un périple à l'étranger au mois de novembre 2016, soit trois mois après le scrutin, l'aéroport de Libreville a été inondé de policiers. Ils sont arrivés à bord de douze camions, et se sont retrouvés au nombre de trois cents. Vers 14h, les partisans de Jean Ping

____

[18] - https://www.francetvinfo.fr

vêtus des T-shirts jaunes, ont
commencé à être molestés
par les policiers qui leur de-
mandaient de s'en aller. Le
comité d'accueil de Jean Ping
était en effet venu à l'aéroport avec un *tipoye* dans le-
quel il était prévu de le trans-
porter jusqu'à son QG. *Ga-
bonreview* en a tiré les con-
clusions suivantes :

> « Ce verrouillage pose en-
> core une fois le problème
> du respect des libertés pu-
> bliques au Gabon. Est-il en
> état d'urgence, ce qui em-
> pêcherait toute manifesta-
> tion politique ? Y a-t-il un
> couvre-feu qui ferait que,
> dès 14 h, on ne puisse plus
> disposer de sa liberté de
> manifester ? (...) Le pou-

voir ne voudrait pas voir des images qui montreraient, comme en Europe, le soutien massif des populations à celui qu'elles appellent « *le président élu* » ; mais en agissant ainsi, le pouvoir reconnaît implicitement que la majorité sociologique est bien du côté de Jean Ping »[19].

Au mois de novembre 2017, la même violence des « *forces de l'ordre* » s'est répétée. Les troupes de Jean Ping venues l'accueillir à l'aéroport, ont été dispersées sans ménagement par la police à coup de matraques et de gaz lacrymogènes. Dix des personnes

---

[19]   -   http://gabonreview.com/blog/retour-de-ping-laeroport-leon-mba-quadrille-9-h-30/

venues ont été gravement blessées.

Pour empêcher Jean Ping de continuer à se rendre hors du pays, le passage à tabac de ses partisans, de toute évidence, ne paraissant pas suffisant pour l'en dissuader, le pouvoir est passé à la persécution judiciaire. Une juge d'instruction, Marie Christine Lebama, a été commise pour convoquer Jean Ping le 17 janvier 2018, dans une affaire concernant un autre opposant proche de lui : Pascal Oyougou.

> « Pour la manifestation de la vérité dans l'affaire Pascal Oyougou qui vous a abondamment cité durant l'instruction, nous vous invi-

tons à vous présenter à notre cabinet le 17 janvier à 15heures »[20]

Telle est la convocation décernée à Jean Ping.

Le nommé Pascal Oyougou est incarcéré à la prison centrale de Libreville pour *« crime de complot contre l'Etat »*. Ali Bongo tente de ce fait de le mêler à cette sombre affaire pour définitivement le mettre hors d'état de lui nuire. Il a repris ainsi les vieilles méthodes utilisées par l'administration coloniale pour contrecarrer les nationalistes africains au moment des luttes pour l'indépendance : des

---

[20] - http://www.rfi.fr/afrique

inculpations dans des affaires de droit commun.

La juge d'instruction, en conséquence, a ordonné à Jean Ping de « *rester à la disposition de la Justice* ». Elle a également ordonné à la police des frontières de lui interdire de quitter le territoire jusqu'à nouvel ordre. En clair, Ali Bongo est à la recherche d'un moyen « *légal* » pour l'incarcérer et mettre ainsi fin à sa revendication de sa victoire volée.

L'avocat de Jean Ping, Maître Bantsantsa, a tout naturellement protesté contre cette décision.

« L'acte qui a été posé par le juge d'instruction est un

acte complétement illégal. Pour ce qui est de la note qui a été adressée par le juge à la Police de l'Air et des Frontières, il s'agit d'un acte administratif qui ne rentre pas dans ses compétences. Nous l'avons donc saisi en recours gracieux en disant Mme vous n'êtes pas autorisée à prendre une telle mesure en tout cas pas dans cette forme-là. Et par conséquent vous devez retirer votre interdiction de sortie du territoire »[21].

Peine perdue, la juge d'instruction exécutant des ordres venus d'en haut, il ne fait l'ombre d'aucun doute qu'elle ne se rétractera pas.

---

[21] - https://www.gabonmediatime.com/gabon-jean-ping-toujours-illegalement-interdit-de-sortie-du-territoire.

Chapitre VIII :

Après André Mba Obame :le tour de Jean Ping ?

Pour qu'il y ait démocratie, il faut des démocrates. Sans démocrates, pas de démocratie. C'est une évidence. Tel est le malheur du Gabon à ce jour. Il y a la démocratie, mais les hommes au pouvoir ne sont pas démocrates.

Ce régime politique ayant été imposé à Omar Bongo en 1990 comme du reste à un

grand nombre de dirigeants africains, cela ne signifie nullement qu'il se soit métamorphosé en démocrate. Il est tout bonnement demeuré tel qu'il l'avait toujours été, à savoir un autocrate dans le sens plein du terme. La preuve, il n'a guère renoncé, malgré l'avènement de ce nouveau régime politique, à se faire succéder par son fils Ali. Il a simplement prévu que cela se produise désormais par le biais des urnes. Ainsi, nul ne pourra dire qu'il aura opéré un coup de force.

Ce dernier, à son tour, en digne fils de son père, n'est non plus habité par quelque esprit démocratique que ce soit. Il est également un autocrate qui se sert des élections pour léguer à son tour le pouvoir à son gosse. Il a pour projet politique de bâtir une dynastie Bongo au Gabon. D'abord son père, 42 ans de règne, actuellement lui, déjà 9 ans au pouvoir, et quand il le quittera, son fils à son tour, puis son petit-fils, autrement l'arrière-petit-fils d'Omar Bongo, ainsi de suite.

En conséquence, quiconque entreprend de se mettre en travers de son chemin et contrecarrer ainsi ce grand dessein pour sa famille, peut être assuré d'avoir choisi de risquer tout simplement sa vie.

A – Le mystérieux décès d'André Mba Obame.

Le mal dont est décédé André Mba Obame était si obscur qu'aucun médecin n'a pu le déceler. Le malheureux a été successivement à Paris, à Johannesburg, à Tunis, à Niamey et enfin à Yaoundé, à la recherche de la guérison. En vain. Il est décédé au bout d'une longue et terrible agonie de six années.

Sa candidature en 2009 avait outré au plus haut point Ali Bongo, qui s'était mis à crier à la « *trahison* », estimant que la succession au pouvoir de son père lui revenait à lui de droit, en sa qualité justement de son fils.

André Mba Obame aura rencontré de très nombreuses embûches tout au long de sa campagne électorale. La banque qui gérait son compte, avait ordre de ne lui autoriser que des retraits dérisoires ne lui permettant pas de financer une campagne électorale.

Son matériel de campagne, T-shirts et divers gadgets,

n'avait pu être livré, le fabricant de celui-ci ayant reçu des menaces de mort au cas où il se serait entêté à le faire.

La chaîne de télévision *Tv+*, jugée proche de lui, avait été fermée pour le priver d'outil de propagande.

Un avion affrété pour sa campagne électorale, avait été bloqué au sol, son équipage européen ayant été sauvagement agressé, et étant devenu dans l'impossibilité, suite aux blessures reçues, de le piloter de nouveau.

L'*Union Nationale*, le parti qu'il dirigeait, avait été dissout, pour contrecarrer sa mobilisation de la population. Et une fois décédé, celui-ci avait de nouveau été autorisé à fonctionner, lui n'étant plus là.

A la fin de toute cette persécution, André Mba Obame a rendu l'âme à Yaoundé. De quel mal souffrait-il ? Nul ne peut le dire. Avant lui déjà, Pierre Claver Nzeng, opposant au régime, est décédé en 2010. Pierre Mamboudou est à son tour décédé une année plus tard, en 2011. Pour tout dire, être opposant au Gabon conduit facilement au cimetière.

B – Actuellement Jean Ping.

Quel est le sort qui est désormais réservé à Jean Ping, dans ce projet dynastique en cours de réalisation au Gabon, lui qui est devenu, à son tour, un gros caillou dans la chaussure d'Ali ?

Quoi qu'il en soit, Jean Ping incarne courageusement actuellement le refus du peuple gabonais de voir le pays devenir une dynastie tropicale où, sous le couvert d'élections, une famille, celle des Bongo, a décidé de confisquer le pouvoir.

Annexe 1 :

Les livres de Jean Ping.

Dans son ouvrage intitulé « *Mondialisation, paix et développement en Afrique, l'exemple du Gabon* », Jean Ping analyse en profondeur les liens du triptyque paix, développement, démocratie, et refuse la « *diabolisation* » systématique de la classe dirigeante africaine. Mais dans le même temps, il en stigmatise à la fois les contradictions voire les errements.

Dans celui intitulé « *Eclipse sur l'Afrique, fallait-il tuer Kadhafi ?* », il pose le problème suivant :

> « À l'ère des idéaux de justice internationale et d'actions humanitaires, il est impératif d'empêcher les atrocités de masse et de s'opposer aux idéologies tyranniques. Mais, pour y parvenir, la solution n'est-elle que militaire, le salut ne passe-t-il que par de lointaines expédi-

tions punitives et des guerres humanitaires » ?

Puis il démontre par de nombreux d'exemples comment le monde occidental désire imposer la supériorité de son modèle aux plus faibles et particulièrement à l'Afrique. Une doctrine de la canonnière préférée à la palabre, les armes à la négociation.

Enfin, dans celui intitulé « *Et l'Afrique brillera de mille feux* », il analyse le nouveau virage du développement en Afrique. Il se demande s'il ne faudrait pas remettre en cause le modèle unique imposé par le monde occidental jusqu'à la fin du 19ème siècle.

Jean Ping militant de la Fédération des Etudiants d'Afrique Noire en France, FEANF.

L'intérêt porté à l'Afrique et au Gabon par Jean Ping s'est manifesté dès les bancs de l'université. Il adhère en effet à l'*Association Générale des Etudiants Gabonais*, AGEG, une fois arrivé en France alors qu'il étudiait l'économie à la Sorbonne à Paris. Il adhère également à la *Fédération des Etudiants d'Afrique Noire en France*, FE-ANF. Cette dernière regroupait les étudiants africains poursuivant leurs études en France et originaires de l'ex-*Afrique Occidentale Française*, AOF, et l'ex-*Afrique Equatoriale Française,* AEF, à laquelle appartenait le Gabon. Parmi ses objectifs, on peut citer, lutter pour l'amélioration des conditions de vie et d'étude des étudiants africains en France. Sur le plan politique, l'engagement aux côtés des peuples africains pour la libération de l'Afrique du joug colonial. Elle a ainsi mené une intense campagne de dénonciation de l'*Union Française*, la dénomination nouvelle de l'empire colonial français en Afrique au lendemain de la seconde guerre mondiale à l'heure où les peuples africains engageaient leur lutte pour l'indépendance. Elle montra avec vigueur que malgré cette nouvelle appellation, les rapports entre la France et ses colonies africaines, demeuraient comme par le passé, dominés par la sujétion coloniale, l'exploitation féroce des peuples africains, l'oppression de ces derniers, et l'inégalité raciale. Le colon, à savoir le Blanc, plus partilièrement le Français, était demeuré un être supérieur qui continuait à écraser impitoyablement le Noir. Par exemple, en dépit de cette fameuse « *union française* » vénérée, à l'Assemblée Nationale française, un député français représentait 80 mille habitants, tandis qu'un député africain, quant à lui, en représentait 800 mille !

La FEANF combattit également la « *loi-cadre* » en 1956, qui aboutit à la balkanisation de l'Afrique noire dans le but de l'affaiblir durablement face à la France.

Lors de l'accession au pouvoir de Charles de Gaulle en 1958, elle publia la déclaration suivante :

> « ... le mythe de « *l'homme de Brazzaville* » qui tend à présenter de Gaulle comme l'incarnation d'une politique libérale en matière coloniale ne repose sur aucune réalité »[22]

Puis, elle a appelé les peuples africains à rejeter le referendum du 28 septembre 19-58 :

> « appelle tous les patriotes africains, travailleurs, jeunes, femmes, étudiants à manifester dès maintenant leur hostilité au re-

---

[22] - Sekou Traoré, *Fédération des Etudiants d'Afrique Noire en France*, L'Harmattan, août 2010, p. 24.

ferendum, à s'y opposer par des pétitions, meetings, conférences, manifestations, boycott et toutes autres actions appropriées … »[23]

Dans ses ouvrages, Jean Ping n'est guère éloigné de ces positions courageuses et patriotiques des étudiants de l'époque.

---

[23] - Ibid.

Table